AVES
espeluznantes pero geniales

Julie K. Lundgren
Traducción de Pablo de la Vega

Un libro de El Semillero de Crabtree

CRABTREE
Publishing Company
www.crabtreebooks.com

ÍNDICE

AVES ESTRAFALARIAS

¿Qué animales tienen
plumas, picos, alas
y ponen huevos?
¡Las aves!

Los picos de las aves vienen en muchas formas y tamaños. El cálao bicorne tiene una formación llamada casco encima de su pico.

Más de 10 000 clases de aves viven el la Tierra hoy en día. Las aves han desarrollado **adaptaciones** que las ayudan a sobrevivir.

CARACTERÍSTICAS DE SUS GARRAS

Las patas del ave cantora se agarran fácilmente de ramas y palos. Tienen tres dedos al frente y uno atrás.

Los pájaros carpinteros tienen dos dedos al frente y dos atrás, lo que les permite escalar hacia arriba, abajo y a los lados.

¿ESPELUZNANTE O GENIAL?

Los animales evitan comer pitohuís con cachucha, originarios de Nueva Guinea. El pitohuí con cachucha come escarabajos **tóxicos** que hacen que su piel y plumas sean venenosas.

Las aves acuáticas nadan bien, usando sus patas palmeadas como aletas.

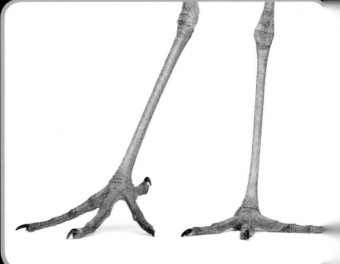

Las largas garras de las aves de costa impiden que estas se hundan en el lodo.

Algunas aves defienden su territorio. Los machos de la pintada **vulturina** usan sus afilados picos y las espuelas de sus patas para repeler a otros machos que intentan quedarse con el territorio.

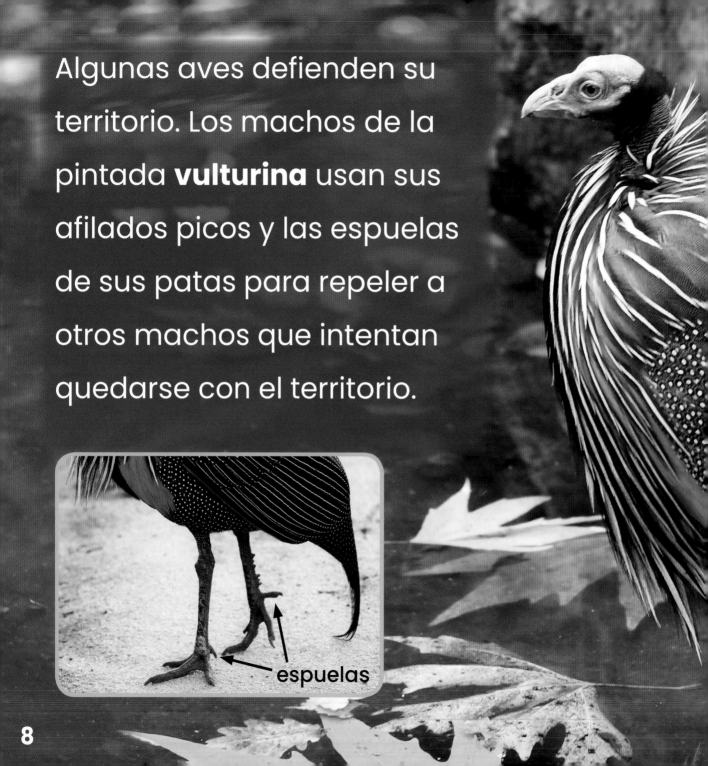

espuelas

Las pintadas vulturinas tienen cabezas costrosas sin plumas y ojos rojos.

Otras aves tienen un **camuflaje** para defenderse. El nictibio uruatú se confunde perfectamente en la corteza de los árboles.

Los observadores más cuidadosos podrán encontrar al nictibio uruatú en este árbol.

LLENANDO LA PANZA

Las aves tienen muchas maneras raras pero efectivas de encontrar comida. Las **carnívoras** cazan a sus **presas**.

verdugo americano

El verdugo americano conserva a sus presas en alambres de púas, espinas puntiagudas o troncos.

¿ESPELUZNANTE O GENIAL?

Los picozapatos usan sus poderosos picos en forma de gancho para partir y desbaratar presas tales como peces, anfibios, serpientes y cocodrilos pequeños.

13

Los búhos son los reyes de la noche. Usan su agudo sentido del oído y sus grandes ojos para encontrar presas.

Las aves carecen de dientes. Muchas aves carnívoras tienen picos afilados para punzar, cortar o desgarrar a sus presas en pequeños bocados.

Las águilas reales no necesitan tenedores ni cuchillos. Rebanan y desgarran su cena usando su poderoso pico.

COMIÉNDOSE A LOS MUERTOS

Algunas aves llevan a cabo una tarea útil, aunque perturbadora. Comen carroña apestosa.

El marabú africano puede agarrar y tragar más de una libra (454 gramos) de carne de un solo golpe gracias a su enorme pico.

La cabeza sin plumas de un buitre le facilita la limpieza después de comerse un animal muerto.

Algunos comedores de carroña, como el cóndor andino, tienen un excelente sentido del olfato para encontrar delicias apestosas.

HUEVOS Y POLLUELOS

Las aves pueden atraer a sus parejas bailando, cantando o con su colorido **plumaje**.

Mientras muchos animales usan su apariencia atractiva para conseguir pareja, los machos ptilonorrínquidos construyen y decoran cuartos elegantes, conocidos como enramadas. Pueden usar conchas, huesos, plantas o botines coloridos.

¿ESPELUZNANTE O GENIAL?

Las pavas se enamoran enloquecidamente cuando ven el moco rojo brillante (los burdos pliegues de piel del pico y cuello) de los pavos.

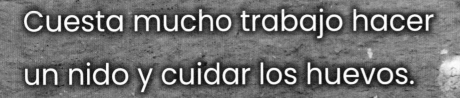

Cuesta mucho trabajo hacer un nido y cuidar los huevos.

Las **aves parásitas** toman el camino fácil. Ponen sus huevos en los nidos de otras aves y dejan que estas cuiden a sus hijos.

¿ESPELUZNANTE O GENIAL?

Más allá de lo que pienses, incluso las adaptaciones más raras de las aves las ayudan a sobrevivir.

GLOSARIO

adaptaciones: Las formas en que algunos grupos de animales cambian con el tiempo para ayudarse a sobrevivir, lo que incluye cambios en la forma en que se ven y actúan.

aves parásitas: Aves que ponen sus huevos en los nidos de otro tipo de aves.

camuflaje: Colores o patrones que se confunden con el paisaje y que ayudan a los animales a permanecer escondidos.

carnívoras: Animales que atrapan y comen otros animales.

carroña: Cuerpos de animales muertos.

plumaje: Las plumas de un ave.

presas: Animales comidos por otros animales.

tóxicos: Venenosos o dañinos para el cuerpo.

vulturina: Que de alguna manera parece buitre, ya sea porque no tiene plumas en la cabeza o come carroña.

ÍNDICE ANALÍTICO

Apoyos de la escuela a los hogares para cuidadores y maestros

Este libro ayuda a los niños en su desarrollo al permitirles practicar la lectura. Abajo están algunas preguntas guía para ayudar al lector a fortalecer sus habilidades de comprensión. En rojo hay algunas opciones de respuesta.

Antes de leer:

- **¿De qué pienso que tratará este libro?** *Pienso que este libro es sobre aves raras. Pienso que este libro es sobre las partes de las aves.*

- **¿Qué quiero aprender sobre este tema?** *Quiero aprender más sobre aves raras. Quiero aprender cómo vuelan las aves.*

Durante la lectura:

- **Me pregunto por qué...** *Me pregunto por qué algunas aves comen carne y otras comen semillas. Me pregunto por qué los buitres no cazan presas en lugar de comer animales muertos.*

- **¿Qué he aprendido hasta ahora?** *Aprendí que hay más de 10,000 clases de aves. Aprendí que hay un tipo de ave que conserva a sus presas en alambres de púas o es espinas.*

Después de leer:

- **¿Qué detalles aprendí de este tema?** *Aprendí que las aves no tienen dientes. Aprendí que las pavas se sienten atraídas al moco rojo brillante de los pavos.*

- **Lee el libro de nuevo y busca las palabras del glosario.** *Veo la palabra **adaptaciones** en la página 6 y la palabra **plumaje** en la página 20. Las demás palabras del vocabulario están en la página 23.*

Library and Archives Canada Cataloguing in Publication
Title: Aves / Julie K. Lundgren ; traducción de Sophia Barba-Heredia.
Other titles: Birds. Spanish
Names: Lundgren, Julie K., author. | Barba-Heredia, Sophia, translator.
Description: Series statement: Espeluznantes pero geniales | Translation of: Birds. | Includes index. | "Un libro de el semillero de Crabtree". | Text in Spanish.
Identifiers: Canadiana (print) 20210257350 | Canadiana (ebook) 20210257369 | ISBN 9781039618572 (hardcover) | ISBN 9781039618695 (softcover) | ISBN 9781039618817 (HTML) | ISBN 9781039618930 (EPUB) | ISBN 9781039619050 (read-along ebook)
Subjects: LCSH: Birds—Juvenile literature.
Classification: LCC QL676.2 .L8618 2022 | DDC j598—dc23

Library of Congress Cataloging-in-Publication Data
Names: Lundgren, Julie K., author.
Title: Aves / Julie K. Lundgren ; traducción de Sophia Barba-Heredia.
Other titles: Birds. Spanish
Description: New York : Crabtree Publishing, 2022. | Series: Espeluznantes pero geniales - un libro el semillero de Crabtree | Includes index.
Identifiers: LCCN 2021031649 (print) | LCCN 2021031650 (ebook) | ISBN 9781039618572 (hardcover) | ISBN 9781039618695 (paperback) | ISBN 9781039618817 (ebook) | ISBN 9781039618930 (epub) | ISBN 9781039619050
Subjects: LCSH: Birds--Juvenile literature.
Classification: LCC QL676.2 .L8618 2022 (print) | LCC QL676.2 (ebook) | DDC 598--dc23
LC record available at https://lccn.loc.gov/2021031649
LC ebook record available at https://lccn.loc.gov/2021031650

Crabtree Publishing Company

www.crabtreebooks.com   1–800–387–7650

Published in the United States
Crabtree Publishing
347 Fifth Ave.
Suite 1402-145
New York, NY 10016

Published in Canada
Crabtree Publishing
616 Welland Ave.
St. Catharines, Ontario
L2M 5V6

Written by Julie K. Lundgren

Translation to Spanish: Pablo de la Vega

Spanish-language layout and proofread: Base Tres

Print coordinator: Katherine Berti

Printed in the U.S.A./092021/CG20210616

Print book version produced jointly with Blue Door Education in 2022

Photo credits: Cover © Stuart G Porter; pages 4-5 © Michal Ninger; pages 6-7 common yellowthroat © Paul Reeves Photography,Photography, woodpecker © YK, duck © Aksenova Natalya, heron © Eric Isselee, hooded pitohui © markaharper1; page 8-9 © Edwin Butter, page 8 inset © PHOTOCREO Michal Bednarek; page10-11 © Ondrej Prosicky; page 12 beetle © Kristian Bell | Dreamstime; loggerhead shrike © Steve Byland | Dreamstime.com; page 13 © Lodimup; page 14-15 © Kletr; page 16-17 © James Michael Dorsey; page 18 maribou stork © Sam DCruz , page 19 © Ammit Jack; page 20-21 © BMJ; page 20 inset © Hugh Lansdown , page 21 turkey © TonLammerts; page 22 © francesco de marco